Fragmentos filosóficos de horror

Luiz Felipe Pondé
Fragmentos filosóficos de horror

Diretor-presidente:
Jorge Yunes
Gerente editorial:
Cláudio Varela
Editora:
Ivânia Valim
Assistente editorial:
Isadora Theodoro Rodrigues
Suporte editorial:
Nádila Sousa
Coordenadora de arte:
Juliana Ida
Gerente de marketing:
Renata Bueno
Analistas de marketing:
Anna Nery, Mariana Iazzetti e Daniel Moraes
Direitos autorais:
Leila Andrade
Coordenadora comercial:
Vivian Pessoa

Copyright © Luiz Felipe Pondé, 2024
© Companhia Editora Nacional, 2024

Todos os direitos reservados. Nenhuma parte desta obra pode ser reproduzida ou transmitida por qualquer forma ou meio eletrônico, inclusive fotocópia, gravação ou sistema de armazenagem e recuperação de informação sem o prévio e expresso consentimento da editora.
1ª edição – São Paulo

Preparação de texto:
Augusto Iriarte
Revisão:
Tulio Kawata, Daniel Safadi
Diagramação:
Valquíria Chagas
Capa:
Bloco Gráfico
Imagem de capa:
Shutterstock

DADOS INTERNACIONAIS DE CATALOGAÇÃO NA PUBLICAÇÃO (CIP) DE ACORDO COM ISBD

P796f	Pondé, Luis Felipe
	Fragmentos filosóficos de horror / Luis Felipe Pondé. - São Paulo : Editora Nacional, 2024.
	152 p. ; 11cm x 16 cm.
	ISBN: 978-65-5881-195-4
	1. Filosofia. 2. Atualidade. 3. Reflexões. 4. Pensamento crítico. I. Título.
	CDD 100
2023-3764	CDU 1

Elaborado por Vagner Rodolfo da Silva - CRB-8/9410
Índice para catálogo sistemático:
1. Filosofia 100
2. Filosofia 1

Rua Gomes de Carvalho, 1306 – 11º andar – Vila Olímpia
São Paulo – SP – 04547-005 – Brasil – Tel.: (11) 2799-7799
editoranacional.com.br – atendimento@grupoibep.com.br

O que há de mais misericordioso no mundo, creio eu, é a incapacidade humana de correlacionar tudo o que ele contém. Vivemos em uma ilha de ignorância plácida em meio aos mares negros do infinito, e não deveríamos ser capazes de viajar muito longe. As ciências, cada uma delas se estendendo para suas respectivas direções, até hoje nos trouxeram poucos males, mas algum dia a associação desses conhecimentos dispersos se desdobrará em paisagens tão aterrorizantes da realidade e de nossa posição temerosa dentro dela que ou enlouqueceremos com a revelação ou fugiremos da luz letal, rumo à paz e à segurança de uma nova idade das trevas.

(H. P. Lovecraft)

O homem que tem mulher e filhos deu reféns para a fortuna.

(Francis Bacon)

A Decadência é a perda total da inconsciência; porque a inconsciência é o fundamento da vida. O coração, se pudesse pensar, pararia.

(Fernando Pessoa)

Sumário

Introdução: uma filosofia baseada no conceito
de misericórdia de H. P. Lovecraft — 9

O horror ontológico que nos constitui:
a patologia como fundamento das coisas — 13

Religião: do culto de espíritos malignos como
"primeira religião" à secularização e ao
mercado religioso — 23

Da necessidade metafísica dos seres humanos — 35

A jovem vítima de uma analista lacaniana
– um caso clínico — 41

A "Palavra" como discussão filosófica
do homem comum — 51

O princípio de razão suficiente de Kant
e o materialismo como sua negação — 59

A tese do homem capaz e do potencial infinito
– o materialismo com sabor performático — 63

Será o homem perfectível? Existe progresso
da espécie? Progrido eu? — 67

A filosofia diante do horror sutil da política — 70

"Vou falar que você bateu em mim"	74
Estupidez e progresso no mundo corporativo	83
O Leviatã e o silêncio das baratas	89
Professores, um enxame de moscas	93
A reinvenção de si mesmo	106
Uma possessão no século 21: a deformação	110
Civilização como processo de destruição de uma sociedade – um diálogo entre gigantes	114
Dissonâncias internas de um cético	118
A dramática da filosofia	121
A vida na incerteza	124
O horror médico	127
O horror na origem da filosofia na Grécia Antiga – democracia a olhos nus	131
A objetividade desolada	136
O miasma	140
Afinal, em quem confiar?	143
A imaginação do desastre ou a mente trágica como método	146

Introdução: uma filosofia baseada no conceito de misericórdia de H. P. Lovecraft

Há um elemento de horror na consciência filosófica quando ela se entrega à fuga absoluta do senso comum. Esse elemento de horror é a falta do tipo de misericórdia da qual fala Lovecraft numa das epígrafes que abrem este livro. Os contos e ensaios nele contidos são um exercício de tal elemento. São um olhar desprovido de misericórdia sobre algumas áreas da experiência humana do mundo em que vivemos. O horror aqui não fala de histórias de terror e sobrenatural, mas sim de um modo de olhar a realidade que a desnuda de sua misericórdia, como conceituada por Lovecraft.

Devo confessar que não é fácil para mim tomar consciência desse elemento de horror no mundo em que habito. Hoje, suspeito, não me é possível praticar a filosofia sem a consciência desse elemento. Talvez para almas superiores seja possível, mas, de minha parte, não confio em ninguém que se apresenta como espiritualmente superior. Entretanto, viver nesse elemento de horror da filosofia não é alguma coisa com que nos acostumemos facilmente ou que aceitemos como um destino qualquer. Trata-se de uma suave forma de maldição. Paga-se um preço alto por romper com a misericórdia que emana das sombras da qual fala Lovecraft. Qual seria essa misericórdia? A misericórdia que brota da ignorância de que o conhecimento, quando elevado a um nível vertiginoso, nos leva para uma experiência oposta ao que pensava Sócrates. Não traz a felicidade, mas nos obriga a olhar para as pequenas centelhas de sombras que nos habitam.

Este livro transita – a esmo, dirão os incautos – entre a forma ensaio e a forma conto. Aquilo que num primeiro momento parece aleatório é, na verdade, uma trama densa em que o horror filosófico salta de descrições conceituais para narrativas pessoais, nas quais o horror, conceito unificador desse percurso, está sempre presente sob a manta da ignorância e da sutileza. Este horror escondido aqui se faz protagonista do filósofo traidor que sou eu. A filosofia aqui está a serviço da hipótese de Lovecraft: a verdade do mundo se esconde e é cruel. Nunca foi da natureza do bem, mas sempre da raça da dor. Perceber essa dor em seus fragmentos dispersos tem sido minha história e minha escolha.

Um adendo: a segunda epígrafe no frontispício, de Francis Bacon, soma à tese do horror cósmico de Lovecraft uma consequência que podemos chamar de social: o homem que tem mulher e filhos dá reféns para a fortuna, ou seja, para a contingência. Torna-se ele mesmo refém do horror.

Um segundo – e último, prometo – adendo: melhor pensar pouco, com cuidado, porque, como diz o poeta Pessoa, o coração, se se colocasse a pensar, pararia.

O horror ontológico que nos constitui: a patologia como fundamento das coisas

Costumo dizer que, quando um filósofo usa o termo "ontologia" (a ciência do ser) e seus derivados, estamos diante de um momento solene. O caráter reverencial dessa área da filosofia vem de nossas raízes aristotélicas. Para nosso grande mestre grego, a ontologia é a ciência primeira. O que isso quer dizer exatamente?

Isso quer dizer que falar de ontologia é falar acerca do ser essencial (redundância conceitual necessária) – ou da substância – das coisas. O que faz um homem ser um homem ou uma mulher ser uma mulher? Claro que perguntas como essa podem nos levar a um campo infinito de respostas – ainda mais nesse mundo histérico de hoje. Posso responder que essa "essência" que diferencia homens e mulheres de todas as coisas que não são homens e mulheres (ainda que guardem possivelmente algum denominador comum com eles, como o fato de ambos serem seres vivos como gatos e cachorros) é uma substância (a ideia mesma de essência) sem a qual homens não são homens e mulheres não são mulheres. Claro que posso responder que elementos psicológicos, biológicos, históricos e sociais compõem a realidade do ser dos homens e mulheres – o que nos levaria necessariamente ao debate contemporâneo de gênero, debate este que, normalmente, se constitui num exemplo de horror entediante. Mas haveria algo que não seja nenhum desses fatores descritos, todos de natureza material e condicionada em alguma medida pela história? O resto ou princípio diferenciador de homens e mulheres entre si e em relação a tudo o mais que existe seria a substância pura da ontologia de que fala Aristóteles. A ciência primeira, a ontologia, investigaria essa estrutura pura, não histórica, do mundo. Uma empreitada e tanto.

Portanto, dizer algo sobre a ontologia do mundo seria falar desse mundo de forma mais profunda, dramática e radical, ou seja, de sua raiz mesmo, de onde vem o termo "radical", afinal. Há uma nota de horror nessa radicalidade. É esse horror que persigo neste momento.

A filosofia contemporânea necessariamente não aceita a ontologia como uma ciência das "essências dos seres". Para ela, os termos "essencialismo" ou "platonismo" (Platão, com seu mundo das ideias, seria o fundador da ontologia, mesmo que não usasse o termo) se referem, de modo pejorativo, à tentativa de supor que existam realidades puras e não históricas que definem as coisas. Só haveria conjunturas históricas e nunca estruturas ontológicas puras.

Recusar a existência de uma essência masculina ou feminina e afirmar que tudo é socialmente construído é uma forma de recusar a ontologia, ainda que a maioria que defende ideias como essa não tenha a mínima ideia do que seja ontologia ou de seu debate de mais de dois mil anos.

Essa busca essencialista nos levaria, por exemplo, a supor que há uma natureza humana em si (fora da história), ou que existe uma "coisa" chamada religião pairando sobre a simples conjuntura social e histórica do mundo onde existem as religiões de fato.

Mas posso usar o termo "ontologia" de forma mais leve, talvez. Sem entrar na discussão sem saída sobre se existem ou não substâncias puras e imateriais que definem as coisas para além da dimensão efêmera da história, posso falar da realidade ontológica da vida ou do mundo querendo dizer que há algo estrutural, que se revela nas ciências acima descritas, e que parece se repetir ao longo do tempo. No lugar da eternidade, a repetição. Esta, como diria Kierkegaard no século 19, é tudo que temos. Abaixo dela, possivelmente o "cheiro de nada", falou o dinamarquês acerca do solo da existência. Não preciso dizer que existem substâncias eternas e imutáveis; basta dizer que, com razoável fundamentação dada pelas ciências ou pela filosofia, concluímos que, por exemplo, parece haver uma desordem nas coisas e nos seres humanos, a qual se repete. Em lugar da ideia de eternidade pura em si, dizemos que algo se repete por muito tempo e, assim, supomos que há algo de ontológico na vida, no mundo e nas coisas. É dessa ontologia que falo.

O título deste ensaio fala de uma patologia ontológica. O historiador do século 19 Jacob Burckhardt já suspeitava que uma dimensão patológica faria parte do modo de funcionamento do mundo. O termo "patologia" aqui exige uma explicação. Falei de uma desordem nas coisas; esse termo exige que definamos o que seria uma ordem nas coisas. Tanto patologia, derivada da ideia de fisiologia normal, esta oposta à doença da patologia, quanto desordem em oposição à ordem pedem que partamos de algum ponto ao qual ambos os termos, "patologia" e "desordem", se opõem.

O escritor alemão do século 20 Thomas Mann, no seu *Pensadores modernos*, afirma que

Schopenhauer, Freud, Nietzsche e Wagner teriam rompido com o mainstream filosófico ao conceber uma antropologia (imersa numa ontologia implícita, no caso de Freud, e explícita nos demais, estando Wagner à parte dos dois casos) em que o homem é visto como *a priori* adoecido. Diríamos, levando em conta a ideia de repetição descrita anteriormente, que há uma estrutura adoecida (portanto, patológica) que se repete na condição humana. Dito de outra forma, o homem é condicionado por uma ontologia patológica. Isso implica um funcionamento que foge da ideia de ordem, harmonia e finalidade para o bem.

A ideia de que exista uma ordem nas coisas é muito antiga, e a filosofia sempre, mesmo antes de o cristianismo popularizar filosoficamente a suposição de que o universo tenha sido criado por um Deus bom – problema enorme por si só –, buscou identificar essa ordem, fosse no Belo e no Bem de Platão, fosse no Motor Imóvel de Aristóteles, fosse no Logos estoico. O caso do epicurismo é bem diferente. Para Epicuro, Lucrécio e demais epicuristas entre as antiguidades grega e romana, o mundo é o resultado de átomos que se movimentam através de um espaço vazio eterno, formando corpos ao acaso. Esse movimento, fruto da contingência do comportamento dos átomos, dá o tom de universo cego presente no atomismo epicurista. Aqui não há a repetição de uma ordem, mas a repetição da ausência de ordem, o que não implica necessariamente algo patológico, doente, não fisiológico. A ideia de que a ordem seja a última palavra nas coisas implica a noção de que a patologia – ou desordem – seja "apenas" um momento numa ordem fisiológica maior e definitiva ao longo do tempo. Já a ideia de que exista uma repetição da desordem ou da patologia implica que a doença não seja "apenas" um momento, mas o modo mesmo de ser das coisas, e do homem como parte delas.

A ontologia como patologia tem muitas decorrências, e a primeira delas, e que impactará o restante de nossa reflexão ao longo das narrativas a seguir, é que nunca suporemos uma ordem bela e boa nelas. Nalgum momento podemos voltar a esse pressuposto por conta do fato de que a ontologia, sendo a ciência primeira, está suposta em toda discussão que envolva o restante das coisas do mundo e no tratamento que daremos a ela, incluindo, claro, o ser humano e seu destino na Terra. Tenha isso em mente porque ajudará você a entender de qual mundo falaremos.

E qual seria a ontologia do século 21? Claro que aqui dependemos de esclarecer se existiria uma ontologia do tempo ou da história. Mas, sem ir tão longe, perguntemos: o que seria uma repetição no século 21? Dito de forma resumida e direta: muito provavelmente, a percepção de uma patologia e desordem como a estrutura profunda da experiência do século 21 se imporá. As disfunções sociais advindas de um capitalismo liberal em recuo como forma da esperança no mundo, as dúvidas em relação à experiência democrática como a conhecemos, a possível vitória da

China sobre os Estados Unidos – ou, pelo menos, um empate –, a fragmentação de tudo, a dissolução da vida afetiva, a pressão da estupidez pelas redes sociais... Enfim, como disse o sociólogo alemão em atividade, Wolfgang Streeck, o século 21 já se apresenta de forma semelhante à queda do império romano.

Religião: do culto de espíritos malignos como "primeira religião" à secularização e ao mercado religioso

O que é a religião? A pergunta parece óbvia, mas só o parece para iniciantes. Há mesmo especialistas em estudos de religião que afirmam existir apenas religiões no plural, e não religião no singular, porque não haveria uma essência das religiões que fosse eterna e atemporal – lembra de nossa discussão anterior sobre ontologia?

Podemos desenvolver um pouco mais essa questão reformulando-a da seguinte maneira: haveria alguns denominadores comuns em muitas das manifestações históricas das religiões ao longo do tempo, incluindo a pré-história? Creio que sim, e não sou eu o único a crer nisso. Há informação suficiente para aceitar tal premissa. Do contrário, não haveria estudos de religião. É com base em alguns desses denominadores que se apresenta e traça um cenário razoavelmente racional do panorama das religiões que falamos aqui.

Para começar, havemos de esclarecer que olhar para as religiões de forma mais consistente implica, de partida, perceber que um estudioso da religião não vê a mesma coisa que uma pessoa religiosa quando olha para a religião. Esta vê diante dos olhos um conjunto de verdades sobrenaturais ou transcendentes que, materializadas em seu cotidiano em ritos, rituais, liturgias, encontros sociais com a comunidade de fiéis e obrigações das mais variadas, dão sentido a sua vida. Se você perguntar a uma senhorinha católica saindo da missa no domingo o que é religião, ela vai dizer algo como "Jesus Cristo" ou mandar você falar com o padre.

Outro modo de entender religião, antes de irmos para o olhar do estudioso, que é o meu, é se indagar como os ministros religiosos veem a religião – como o padre do parágrafo anterior. Um misto de fé e gestão institucional da religião se constitui no cotidiano da maioria esmagadora dos ministros religiosos. Grande parte desse cotidiano é tomado não só pela cura das almas, como se dizia na Idade Média, ou pelo cuidado com os fiéis na pastoral, mas pela lida com políticas internas e externas à instituição religiosa, mecanismos de carreira e promoção na instituição, e, cada vez mais, pela gestão da comunicação ou do marketing, que adentra mesmo o universo das redes sociais. Daí nasce a sensação de pessoas religiosas mais místicas de que os ministros religiosos perdem, com o tempo, a dimensão mais espiritual da religião e se concentram em aspectos mais pragmáticos da gestão da religião.

Há também o olhar do senso comum, não necessariamente religioso, sobre a religião. Esse olhar tende a ser fragmentado, sem consistência e cheio do viés de simpatia ou antipatia pelo fenômeno religioso. Apesar dessa característica de inconsistência, o senso comum tende a ter um grande impacto na visão geral da sociedade sobre a religião, mesmo dos jornalistas, que normalmente se movimentam num senso comum que não se sabe senso comum. Este, aliás, devido à emergência do tempo das redes sociais e internet, cada vez mais cobre o mundo com a manta da ignorância ruidosa que não se sabe ignorante.

E o que vemos quando olhamos para as religiões para além desses modos citados? Esse é o objeto deste ensaio.

Vemos um fenômeno em que a própria palavra "religião" pode ficar pouco evidente em sua semântica. Não vou entrar aqui nos usos do latim *religare* nem na ideia de que religião seria a tentativa de nos ligar ao mundo metafísico (mundo imaterial, ao qual voltaremos noutro ensaio) ou transcendente, apesar de tal entendimento de religião ser bastante razoável num certo escopo de características. As relações entre palavra e coisa ("religião" e mundo metafísico, no caso) são muito mais dinâmicas do que pensa nosso vão senso comum.

Historicamente falando, é razoável dizer que o fenômeno religioso começou na pré-história. Temos elementos consistentes para supor isso. Arqueólogos do Alto Paleolítico, como o canadense Brian Hayden, afirmam que muito provavelmente começamos adorando espíritos malignos. O historiador alemão Paul Carus, que viveu entre os séculos 19 e 20, afirmava isso antes. A tese, sustentada por achados arqueológicos e textos mitológicos antigos, emerge de uma provável circunstância em que, diante de tantos males e contingências, ao imaginar que alguém tinha poder sobre esses males, ato típico da inteligência religiosa – projetar no reino do sobrenatural o que o próprio indivíduo supõe não poder fazer, como dirá, no século 19, o filósofo alemão Ludwig Feuerbach –, chegamos à conclusão, isto é, nossos ancestrais chegaram à conclusão de que quem mandava nas coisas eram espíritos malignos, daí a violência mimética dos sacrifícios. Imitando os deuses malignos, oferecemos sangue inocente para espíritos sanguinários.

O sistema de Lovecraft segue as mesmas linhas. A religião, quanto mais antiga for, mais terrível será, e o mundo nada mais é do que o fruto de seres terríveis, daí se dizer que o tipo de terror praticado por Lovecraft é gótico, e terror gótico quer dizer terror cósmico. Não há como escapar do universo cárcere. De tal princípio cósmico, decorrem ontologias como a descrita no primeiro fragmento.

As religiões, tais como as conhecemos, surgiram de elementos dispersos, mas, seguramente, alimentadas por essa suposição de alguma forma de poder que nenhum de nós tem, afora os esquisitos dos xamãs que previam o que sempre fora óbvio: mortes, doenças, desgraças em geral.

Contudo, esses elementos dispersos foram, provavelmente, experiências como os sonhos. Se até hoje muita gente acredita que sonhos são mensagens do mundo espiritual, imagine nossos ancestrais, cem mil anos atrás? Sonhar com mortos poderia ser um indicativo de que os mortos permaneciam vivos em outro lugar. Daí a crença na vida após a morte. Associando esse elemento ao medo dos poderes invisíveis, muitas vezes cruéis, e aos mistérios curativos do conhecimento empírico das pessoas ao longo dos milênios, temos já o suficiente para pensar em elementos religiosos, ainda que, obviamente, sem qualquer caráter institucional. As experiências de transes com ritmos pré-musicais e danças, assim como o uso de alucinógenos naturais, seguramente tiveram seu papel no processo em questão.

Reconhece-se o senso comum com relação às religiões quando alguém assume que elas são sempre algo da ordem do bem. Para supormos a existência de algo dessa ordem, a condição de vida precisaria já nos dar alguma experiência de conforto e segurança, logo, de poder sobre os elementos da natureza e da contingência geral. Muito provavelmente, isso foi tardio na condição da humanidade –

algo tão recente quanto um par de milênios antes de Cristo. O tempo de Jesus Cristo, se pensarmos na longa duração da vida da espécie humana, é mais próximo de nós do que do Alto Paleolítico ou mesmo Neolítico.

Ideias como a de Platão acerca do belo e do bem, ou o ordenamento aristotélico e estoico do Logos, ou o Deus bom do cristianismo – o Deus judeu ainda terá muitos elementos ambivalentes em que o mal, compreendido como a violência, fará parte dele – são muito recentes. Mesmos religiões orientais antigas são permeadas pela assimilação da violência e crueldade como parte da mitologia, para não falar das religiões africanas ou grega e romana antigas. As religiões da Europa antiga não romana tampouco escapam do elemento destrutivo.

Uma possível conclusão, assumindo que religiões são criações humanas, é claro, é que as religiões são muito mais fruto da percepção da crueldade dos elementos naturais do que da suposição de um bem maior. Só pessoas intelectualmente provincianas podem imaginar que as religiões "surgiram para gerar o bem e o amor".

De qualquer forma, as religiões se constituíram em instituições com maior ou menor poder, carregando expectativas e necessidades humanas por explicações e poderes que não temos. Como disse o historiador Burckhardt, citado anteriormente, as religiões nos dão aquilo que não podemos dar a nós mesmos. O pensamento mágico é exatamente a forma mais primitiva dessa crença.

À medida que avançou o desencantamento, segundo o sociólogo dos séculos 19 e 20, Max Weber, e o mundo foi diminuindo sua necessidade de mágica, a ciência e a ordem jurídica do Estado emergente, assim como uma melhoria gradativa das condições materiais de vida de parte da população, foram se estabelecendo no sentido de construir aquilo que o filósofo canadense dos séculos 20 e 21 Charles Taylor chama de condições sociais de possibilidade do ateísmo, que não é necessariamente ateísmo em si. A secularização – isto é, viver no tempo histórico, e não no tempo da eternidade dos deuses – é a possibilidade de viver com base na técnica, na ciência e nas leis humanas, tudo isso construindo uma rede institucional ampla, capilarizada e histórica. A religião não deixa de existir, mas a expectativa mágica perde espaço para outros métodos de intervenção no mundo, na vida e na sociedade. Eis a racionalidade moderna na sua promessa de vencer a mágica do mundo dos espíritos, que passa a ser, mais ou menos, um elemento do teatro de variedades da vida privada.

Com a aceleração mercantil da vida contemporânea – tudo é mercado –, também as religiões passam a ser um dos produtos no mercado dos significados à venda. As religiões deverão assimilar o marketing, inclusive na forma digital deste, para concorrer nesse mercado de significados com as outras religiões e com os produtos seculares, como dinheiro, opções políticas, viagens, sexo livre, alimentação balanceada e similares. As religiões, muitas vezes, assimilam até mesmo algumas das ferramentas seculares citadas, principalmente quando disputam espaço entre as classes mais ricas. Os mais pobres ainda permanecem mais próximos à antiga franja da mágica, mesmo que seja para prometer dinheiro, como na teologia da prosperidade evangélica.

O século 21 é o século do ruído e do enxame. Essas características seguramente farão parte desse mercado das religiões. Cada pessoa pegará para si a "narrativa religiosa" que achar mais adequada e mais conforme ao seu "tamanho espiritual", assim como ao escolher um par de sapatos da moda.

Da necessidade metafísica dos seres humanos

O que vem a ser uma necessidade metafísica? Metafísica, como muitos já devem saber, significa uma realidade além (met(a)-) do físico (da natureza material do mundo). Não por acaso, se confunde com a ideia de uma ciência do ser, ou ontologia, mas não se reduz a ela.

Não por acaso também, o filósofo francês Auguste Comte, criador do positivismo, dizia no século 19 que, à era religiosa dos deuses mitológicos, seguiu-se uma era metafísica em que se tentou organizar racionalmente esse mundo do além da matéria sem lançar mão dos delírios mitológicos ou cosmogônicos de deusa tal transando com deus tal e dando origem ao mundo. A metafísica seria uma espécie de "ciência racional" do mundo invisível das ideias, como em Platão, considerado seu fundador, apesar de nunca ter usado a expressão. Na sequência da era metafísica, viria a era do humano e da razão científica, a era positiva enquanto tal, a nossa. Delírio do próprio Comte, que quis fundar uma religião da humanidade para substituir as crenças mitológicas e as narrativas metafísicas. Para ele, a humanidade precisa de religião, e a religião positiva resolveria esse problema. Ledo engano. Jesus ainda vale mais no mercado das religiões do que "a razão".

Dito isso, o que vem a ser uma necessidade metafísica? Necessidade metafísica, antes de tudo, é a necessidade de que exista algo imaterial, que não sofra das misérias materiais (doença, limitações, morte e similares), e de participar, de alguma forma, dessa realidade imaterial, o que, na maioria das vezes, implica a ideia de que temos em nós uma essência eterna imaterial, a qual podemos chamar, *grosso modo*, de alma ou espírito, que habita o corpo, mas sobrevive a ele. Podemos resumir a ópera dizendo que a necessidade metafísica é, basicamente, a necessidade de vida após a morte. Ela não se resume, porém, a essa necessidade imperiosa, que fala de nosso medo de que o mundo seja apenas matéria, como diziam os epicuristas. Precisamos crer – isto é, a maioria de nós – que também existe um bem imaterial que seja fundamento da moral e que faz o mundo ser, no fundo, bom. O bem tem de vencer. Essa ideia é em si platônica, como sabemos. A ideia de que exista um mal metafísico eterno, como em crenças em espíritos malignos – como vimos – ou de que Deus seja mal, é asfixiante. Mesmo que não saibamos dizer com precisão o que seria esse bem – Jesus Cristo é uma forma mais clara disso –, o bem como ideia metafísica eterna e fundante da realidade se assemelha a uma forma de oxigênio para o sentido das coisas.

Outro território em que a necessidade metafísica se manifesta, ainda que mais distante do que costuma pensar o senso comum, é a metafísica histórica, social ou política. Autores como Hegel e Marx, no século 19, são exemplos típicos do utopismo político que carrega em si a crença numa necessidade de evolução histórica em direção ao bem, à paz ou à supressão das contradições do mundo. Para esse utopismo histórico, não há outro fundamento a não ser uma metafísica envergonhada que quer se parecer com racionalidade ou pensamento materialista, no caso de Marx. Toda forma de crença numa evolução necessária da história ou num progresso logicamente em curso trai o desespero da ausência de qualquer realidade que garanta nosso desejo metafísico de que o repouso no sentido último das coisas exista, mesmo que esse repouso seja acessível apenas ao mundo invisível ou ao fim de uma longa duração de tempo.

A necessidade metafísica é uma das experiências humanas mais radicais. Mesclada com a religião, ainda que sem precisar das instituições religiosas, e associada ao utopismo político citado, ela pode se manifestar como crença espiritual própria, como desespero diante da finitude ou do mal irredutível no mundo, inclusive o político. Sempre devemos tê-la em mente quando tomamos o ser humano nas mãos com a intenção de compreendê-lo. Não esqueça dela em nenhum momento ao longo de nosso percurso.

A jovem vítima de uma analista lacaniana – um caso clínico

Ela era uma psicanalista de mais ou menos 55 anos. Bem-sucedida, consultório na zona oeste de São Paulo, lacaniana. Sabe-se que lacanianos são a tribo de psicanalistas mais arrogantes do mercado. Devoram-se entre si. O uso de termos como "topologia", "matemas", "discurso", "fala-ser", tradução direta do termo *parlêtre*, além de inúmeras citações outras em francês somam ao *physique du rôle* comum da psicanalista chique. Nas entranhas das instituições lacanianas, ou seus cartéis, onde habitam os lacanianos, a baixaria vem regada à alma do tipo vinho barato. A identidade francesa de origem dessa leitura de Freud, particularmente afetada, já garante a possibilidade, por parte dos seguidores do francês Jacques Lacan, de se sentirem um pouco franceses. E isso é o que conta, afinal.

A herança da ideologia de esquerda, pelas mãos de gente como Alain Badiou, filósofo francês da tal "hipótese comunista", acrescentou um enorme detalhe de arrogância à original arrogância – redundância proposital – de se sentir um pouco parisiense numa terra à margem do capitalismo cultural e que pouco importa como o Brasil, terra de vira-latas.

Não vou citar aqui seu nome por estremecimentos de classe – porque, nessa grande cidade, todos que têm dinheiro se conhecem. Mas, no dia em que ela recebeu nossa heroína, jovem – por volta dos 30 anos, idade em que a mulher bonita é mais mortal ainda para os apreciadores do sexo frágil e para as mulheres mais velhas, que a invejam –, bonita, advogada de sucesso de um dos maiores escritórios de advocacia paulistana, a lacaniana de pura cepa agiu como de costume entre seus colegas da linha dita progressista. Aplicou à jovem possível paciente a mais brutal estrutura de análise ideológica travestida de interpretação psicanalítica. Reduziu toda a narrativa – vale dizer que se tratava da famosa entrevista para ver se seria constituído o contrato entre analista e analisanda – da jovem, preocupada com a situação que vivia no seu mundo profissional e afetivo, à mais brutal especulação feminista. Qual seria esta? Vejamos o caso clínico primeiro. Vale lembrar que o feminismo se transformou numa forma brutal de destruição niilista das relações entre homem e mulher. Isso já sabemos de longa data. Vamos ao caso clínico.

A analisanda – sem citar nomes – se envolvera, àquela altura havia já quase quatro anos, com o maior cliente do escritório em que trabalhava. É importante repetir detalhes, principalmente na apreciação de um caso clínico. Uma diferença de idade na casa dos trinta anos chama atenção, é claro. Na boca de suas colegas advogadas do grande escritório, na mesma faixa etária dela, sua intenção era, evidentemente, garantir espaço em troca de sexo. Esse tipo de interpretação das suspeitas – no caso, de que ela dormia havia anos com o maior cliente do escritório em troca de carreira – reúne os mais numerosos jovens e velhos numa confraria de degustação de um tipo de veneno que é um clássico. Entretanto, no avançado século 21, pega mal dizer isso. A acusação das niilistas do amor heterossexual, as feministas de hoje, será que você que suspeita dessa antiga hipótese é um machista ou sexista. Mas, ainda assim, persiste essa interpretação, como tudo o mais que se relaciona às mentiras do século 21 sobre a natureza humana.

Acrescento aqui outro detalhe essencial: tanto nossa analisanda quanto seu amante mais velho eram casados. Ela, havia pouco mais de dois anos, o que implica que se casara já em meio ao affaire com o maior cliente do escritório. Aprofunda-se, assim, nosso quadro de sintomas sociais.

O casal ilegítimo desenvolveu, ao longo dos anos, subterfúgios para manter o relacionamento, que preservava sua intensidade. A causa da procura por uma analista, que havia, aliás, sido indicada por pessoa de confiança e que entende do mundo psi, foi um fato específico: o desejo por parte da analisanda de começar a pensar na maternidade e perceber que seu sonho era engravidar do amante, e não do marido. Vamos concordar que essa queixa é realmente de peso. Havia ali, sem dúvida, um amor fora de lugar, como muitas vezes acontece na literatura. Quanto ao amante, nunca houve promessas de separação por parte dele, nem tampouco por parte dela no tocante a seu casamento com seu jovem e belo marido. Nem pressões de ambas as partes. Nunca houve mentiras, nem meias palavras. A clareza do relacionamento indevido chamaria a atenção de qualquer pessoa que entrasse em contato com a história, o que jamais aconteceu por razões óbvias.

Qual foi, afinal, a interpretação que a analista lacaniana progressista deu de cara ao caso da jovem analisanda? Preste atenção, principalmente se você não é uma pessoa acostumada aos meandros de pensamento do nosso avançado século 21.

Para a analista lacaniana, era um caso clássico de relacionamento abusivo. O maior cliente do escritório a assediava, e ela, linda como era, sempre tivera o hábito de seduzir homens como forma de autoafirmação social e psicológica. A candidata a analisanda se sentiu perdida, começou a vasculhar em sua memória de quase quatro anos algum gesto que revelasse o assédio por parte dele. Tudo o que encontrava eram memórias de tentativas da parte dele de evitar o início do affaire. Nenhuma cantada, nenhuma situação criada em que ela se sentisse obrigada a ceder aos desejos dele – muito pelo contrário, ambos resistiram de forma corajosa ao abismo em que acabaram por cair. Nem tampouco qualquer forma de chantagem emocional ou facilitações em troca de serviços sexuais. Em nada sua situação no escritório mudara naqueles quase quatro anos. Havia entre os dois uma completa sensação de honestidade quanto ao impasse e ausência de futuro do relacionamento. Havia mesmo um sexo intenso, mas, ao mesmo tempo, uma tristeza constante. Mas, como sabemos, uma das forças do mercado de analistas é plantar no analisando a suspeita de que tudo que você sabe de si ou se lembra acerca do tema nada mais é do que resistência a tomar consciência da "verdade subjetiva" que a pitonisa lacaniana anunciara. Esse tipo de risco é o que o escritor francês Michel Houellebecq descreve no romance *Extension du domaine de la lutte* como o niilismo amoroso que muitos analistas causam em suas pacientes, destruindo nelas a capacidade de confiar no amor enquanto tal. Nesse sentido, ser progressista é estar pronta a odiar quem você a princípio achou que amaria.

A acusação de que ela usara de sua beleza marcante como forma de sedução constante dos homens lhe fora excepcionalmente dura, causando na jovem o medo de que, além de tudo, fosse ela a culpada pela suposta relação abusiva, nas palavras da psicanalista lacaniana progressista. Entretanto, uma vez que fora objeto de inúmeros assédios, ela sabia muito bem a diferença entre o que se passava entre ela e seu amor ilegítimo e os assédios que sofrera de homens no mundo do trabalho ou fora dele.

Por sorte, conversando com seu parceiro de infelicidade romântica, nossa heroína chegou à conclusão de que apenas tinha caído na mão de uma má analista que, muito provavelmente, morrera de ódio da beleza avassaladora dela. Decidiu por não voltar a vê-la e procurar outra opção. Embora neste caso tenhamos tido um final feliz, podemos nos perguntar: quantas jovens nessa situação já não acreditaram em tamanha violência interpretativa?

Permanece a indagação do porquê de um homem mais velho e poderoso como ele se encantar com uma jovem bela como ela? O desejo de combater o envelhecimento com o desejo sexual poderoso de uma mulher na flor da idade reprodutiva? O gosto doce da boca dela? Talvez alguém que tivesse vivido há mil anos entendesse melhor a situação. O convívio no ambiente de trabalho e as realizações conjuntas costumam ser poderosos elementos eróticos na vida das pessoas. E algumas simplesmente dão azar. A moral da história é que a aplicação de interpretações estruturais – todo homem com poder assedia, toda mulher bela seduz para tirar vantagens – à relação de sofrimento por amor ilegítimo sempre é abusiva. Talvez esse caso clínico seja apenas uma trágica prova de que nosso avançado século 21 é uma lástima no que tange à interpretação da vida afetiva e que mesmo analistas com títulos poderosos não passam de pessoas invejosas, ressentidas e destrutivas. A natureza humana permanece imóvel. O horror se esconde num consultório bem decorado num bairro chique de São Paulo.

A "Palavra" como discussão filosófica do homem comum

Uma audição acima do normal marcava a vida de nosso viajante. Desde pequeno, fora objeto de estudos por parte dos médicos aos quais sua mãe, assustada, o levara. A condição de mãe solteira naquela época ainda era vista como um fracasso da mulher, quando não se configurava em dúvida acerca de sua moralidade. Hoje, a condição de mãe solteira saltou para o palanque da emancipação feminina, mesmo que à custa da criança solitária. Há mesmo mães solteiras hoje em dia que ganham a vida nas redes sociais contando como se arrependeram de ter tido filhos. Mas essa é outra história de horror.

Ele ouvia mais do que o normal. Era quase como se tivesse um dom sobrenatural, porque, às vezes, ouvia vozes de pessoas que se encontravam longe. E acabava por saber mais coisas sobre as pessoas em volta. No trabalho, era igual. Fora um dos primeiros usuários não adolescentes desses instrumentos que tiram o som ambiente em troca de um silêncio assustador e artificial. A experiência de viver com uma capacidade extraordinária é quase sempre muito diferente do que os farsantes fazem parecer. Trata-se de algo da ordem do tormento mais do que do encanto. Por exemplo, no caso em questão, nosso viajante, já com mais de 50 anos, nunca foi capaz de ter um relacionamento amoroso com as mulheres, justamente pelo fato de escutar muito bem o que elas falavam dele ao longe e mesmo ao celular, o que destruiu no homem a ignorância amorosa que caracteriza a fé entre os amantes. Um cientista social como ele poderia concluir que audição muito acima do normal causaria um surto social de solidão afetiva. Até agora, que se saiba, nenhum desses grupos de cientistas sociais em busca de objetos que os ajudem a vencer no mercado do conhecimento se interessou por sua desgraça como marcador do destino de alguns cidadãos.

Passando pelo raio X do aeroporto Santos Dumont, no Rio de Janeiro, nosso viajante ouviu uma conversa assaz interessante entre os três funcionários da segurança, dois homens e uma mulher. Discutiam a "Palavra". Por "Palavra", se referiam, é evidente, ao evangelho de Cristo pregado pelo pastor na igreja. Como também é evidente para ouvidos treinados na sociologia, como era o caso de nosso viajante, que a "Palavra" falava de um modo de vida do grupo social ao qual pertenciam aqueles cariocas de classe média baixa: os famosos evangélicos que, dizem por aí, vão dominar o Brasil.

A discussão girava ao redor de quem pregava melhor a Palavra, o pastor da igreja de um deles ou o pastor da igreja de seu cunhado. Os outros dois prestavam atenção ao relato de teor filosófico como se essa atenção fosse necessária para saber qual dos dois pastores salvaria suas vidas.

O segredo do sucesso da Palavra, nesse contexto social, se deve ao fato de que ela enlaça as inquietações metafísicas da espécie *sapiens* às necessidades materiais mais banais do cotidiano sem futuro da vida real das pessoas. É como se a pré-história vivesse, mesmo que de forma invisível, no subúrbio carioca. Nosso viajante com audição sobrenatural e repertório sociológico instalado recolheu seus pertences lentamente para ouvir por mais tempo a conversa. Mesmo seguindo em frente, pôde, devido a sua audição sobrenatural, continuar escutando os comentários teológicos dos três.

A questão era o dom de falar em línguas – glossolalia, nos termos dos sociólogos especialistas em movimento evangélico. O mais cético dos três parecia querer investigar se a língua falada era mesmo a língua de Adão ou simplesmente um som que ninguém entendia. Para a mulher, duvidar do dom de falar em línguas seria duvidar da Palavra. Para o cético, a Palavra podia ser diferente do que o pastor dela pregava. Haveria, afinal, diferentes formas de pregar a Palavra?

Nossos crentes de classe média baixa do Santos Dumont não tinham ideia de que tocavam num tema terrível para religiosos e pessoas ingênuas em geral: o problema do relativismo. Quando se duvida de algo, a questão é até onde se pode continuar duvidando desse algo. Normalmente, os idiotas contemporâneos, com sua inteligência ruidosa mas limitada, não entendem que relativizar significa, em grande medida, negar qualquer possibilidade de certeza. Mas não vamos tão longe. Voltemos à teologia do subúrbio carioca.

Pode-se suspeitar que aquela discussão sobre a realidade do dom de falar em línguas – supondo que essas línguas fossem idiomas, e não apenas sons inarticulados – escondia o que de fato estava em jogo ali. Porém, antes, um reparo histórico. Os primeiros cristãos que receberam o dom do Espírito Santo de falar em línguas, na festa de Pentecostes – daí a denominação "pentecostal" das igrejas que praticam esse dom de falar em línguas –, saíram da sessão com o Cristo ressuscitado falando grego, latim, quando na verdade eram uns analfabetos de pai e mãe. Só assim poderiam pregar a Palavra para os estrangeiros à volta. Tomando-se a cena em sua época e contexto, atestava-se o milagre: de uma hora para outra, eles começaram a falar línguas reais e importantes naquela região do Mediterrâneo oriental para a tarefa a ser realizada. Hoje, esse dom não leva ninguém a falar inglês ou francês. As línguas faladas podem ser qualquer coisa. Reconheçamos que naquele momento a fé não era necessária para sustentar o milagre – ele era óbvio –; hoje, contudo, séculos depois de sua experiência fundacional, ela, ou o delírio, são os únicos fundamentos desse mesmo dom.

Mas, para além de toda essa discussão, ali o que importava mesmo era que a conversa ajudava a passar o tempo num dia de trabalho mecânico e repetitivo. Depois do serviço, provavelmente aquelas três pessoas voltariam para suas casas de subúrbio. E para suas famílias sempre mais ou menos como todas. A Palavra era, afinal, uma boa distração metafísica para a vida banal e sem futuro de um subúrbio carioca.

O princípio de razão suficiente de Kant e o materialismo como sua negação

O materialismo como cosmologia não implica necessariamente pessimismo ou a crença de que a matéria seja contra nós. Um mundo feito de átomos como o mundo do atomismo grego epicurista se movimenta na contingência, logo, é indiferente porque não há intencionalidade em seu movimento. Essa ausência de intencionalidade é o que chamamos de cegueira do materialismo. A matéria não é contra nós porque ela é cega intencionalmente.

Essa cegueira é vivida por nós como, no mínimo, indiferença para com nossas expectativas na vida e na morte. Por isso, o materialismo nos parece ser contra nós. Daí o vermos como negação das nossas necessidades metafísicas e das promessas religiosas. A cegueira ontológica do átomo é uma ofensa ao nosso princípio de razão suficiente – conceito de Kant –: o mundo deve fazer sentido.

Se o mundo é cego, eu devo atribuir sentido a ele. Essa tarefa é mais infernal do que pensa nossa vã filosofia das redes sociais.

Sustentar, sozinho, no cotidiano, a necessidade do princípio de razão suficiente de Kant – o mundo deve fazer sentido ou sofremos todos, e o mal, entendido como ausência de sentido, vence – é pior do que fazer a dieta do momento, meditar ou qualquer outra moda de comportamento. O princípio de razão suficiente de Kant opera principalmente – redundância proposital – no silêncio e no detalhe da solidão. É aí que sua ausência faz maior estrago. E como somos indivíduos fadados a ser cada vez mais solitários, inclusive porque cada vez mais somos insuportáveis e exigentes, a tendência é que a sustentação da suficiência do mundo – isto é, a sustentação do seu sentido – seja cada vez mais uma tarefa a ser realizada por cada um de nós, sem muito auxílio de ninguém – não há, na história ou pré-história da espécie, nada igual, pois o sentido sempre foi operação ancestral e social. A conclusão necessária desse fato é que a oferta de formas banais de sentido, como tudo o mais na sociedade de mercado, será maior. O que, pela própria estrutura de distribuição dessa sociedade – idêntica à distribuição de desodorantes ou autopeças –, implica a sensação silenciosa de que o mundo nunca responde positivamente a nossa expectativa de razão suficiente.

O materialismo atomista antigo em sua cegueira assume aqui uma nova fórmula: não são os átomos que vagam pelo espaço vazio de forma cega, mas nossos olhos.

A tese do homem capaz e do potencial infinito – o materialismo com sabor performático

Repete-se, nos últimos tempos, a sensação de que aumentou a potência do mundo e das pessoas nele. Entre essas, criou-se a falsa hipótese de que os jovens são infinitamente potentes porque têm mais resistência ao álcool. Parece mesmo óbvio às almas mais fracas o pensamento de que os jovens, por terem mais saúde física, têm também mais saúde psíquica ou espiritual. Ledo engano; no caso, o raciocínio deveria ser o contrário. O jovem tem menos potência psíquica e espiritual pelo simples fato de que, muito provavelmente, teve menos tempo para sofrer a impiedade do mundo e seus horrores.

Repete-se a obsessão, no que se refere ao modelo comum a muita gente, mesmo cientistas, de que o cérebro seja um reservatório de potência a ser descoberta e posta em ação. Pelo contrário, talvez o cérebro seja um órgão que se identifique com a inércia do mundo, a fim de não ser devorado por este – quanto mais velocidade, menos ação cerebral que importe. Mas, quando pensamos que ainda não desenvolvemos todo o "potencial" do cérebro, estamos a pensar que, num futuro qualquer, teremos, talvez, esgotado esse potencial – como quem adia a catástrofe celebrando as pequenas vitórias do trajeto ao abismo.

A modernidade criou para si um modelo de materialismo em que o átomo e a célula devem performar cada vez mais. Não apenas o sujeito se vê cansado diante do acúmulo de tarefas que lhe são postas perante os olhos como uma métrica exigente e má, mas a própria matéria perdeu o luxo de vagar ao sabor da contingência despreocupada como era no atomismo grego. Agora, mesmo o átomo e as células devem performar e ter sucesso acumulativo. Mesmo o diabo não pensaria num modelo como este: além de performar continuamente sem descanso em parte alguma, deve-se ser feliz e ansiar ardorosamente pelo castigo. Suspeito que hoje temos a simpatia e a piedade do demônio como nossas aliadas.

**Será o homem perfectível?
Existe progresso
da espécie?
Progrido eu?**

Quando o dito no fragmento anterior se torna sistema, chegamos à essência do horror como presente na ideia de progresso. Seguindo a intuição de Lovecraft expressa na citação de abertura desta série de fragmentos filosóficos de horror, suspeito que não demos a devida atenção à possibilidade de que falte misericórdia – no sentido de Lovecraft – na ideia de progresso do conhecimento, da técnica e da ciência. Infelizes são os homens condenados ao progresso. Além do fato de que este possa vir a ser falso – refiro-me ao progresso –, a ilusão à qual estamos submetidos é uma forma peculiar de horror. Qual será o horror específico da ilusão da perfectibilidade humana como um caso específico da maldição do progresso?

Começaria por perguntar a mim mesmo – como na última questão do título deste fragmento –: progrido eu? Aqui faço minhas as palavras do filósofo Michel de Montaigne (século 16) nos seus *Ensaios*: "os outros formam o homem, eu o descrevo". Montaigne descreve a si mesmo, que, na verdade, não pode mais ser formado porque já o está, mesmo que de forma cambiante e insuficiente. Enfim, falar do homem, ou de mim mesmo, um membro da humanidade, é descrever uma insuficiência, não um progresso.

Mas, em nossos tempos ansiosos, todos querem ver a si mesmos como um processo de avanço em direção a uma perfeição qualquer, banal, como uma selfie. Você é uma startup! Vá adiante. A vida é um *trade-off*! Idiotas de mercado.

A filosofia diante do horror sutil da política

Ortega y Gasset, filósofo espanhol do século 20, dizia que o destino do filósofo é um mundo insólito. Qual seria esse caráter insólito do destino da filosofia? Antes de tudo, perceber que, enquanto não se sentir perdido no mundo, você não começou a filosofia de fato, porque o mundo é hostil à filosofia, uma vez que o *modus operandi* desta é, antes de tudo, a destruição das ideias fixas do homem vulgar.

Esse traço de caráter da vulgaridade moderna é o que o filósofo espanhol chama de "rebelião das massas" no livro de 1930 que carrega esse mesmo nome. O horror sutil ao qual faço aqui referência é a exigência desse homem massa – que, segundo o filósofo, é o homem comum cheio de ideias fixas sobre tudo – de que todos sejamos vulgares como ele, e que participemos de seu clube de ideias fixas sobre tudo.

A política moderna e contemporânea, cada vez mais, é o território privilegiado desse homem massa. E temas como comportamento, educação dos mais jovens, saúde mental, gênero sexual são exemplos nos quais se fazem sentir as exigências do homem massa, seja ele um homem trans ou mulher trans massa.

A política, território em si da violência e sua gestão, no mundo contemporâneo, é o lugar por excelência da desesperança. Seja à esquerda – e suas exigências autoritárias de se declarar portadora de intenções puras e nobres quando, na verdade, na prática, seus representantes manipulam a miséria social como capital eleitoral –, seja à direita – e sua ira que cospe horrores, muitas vezes de fundamento sobrenatural, mas que no fim do dia acaba por cultivar um ódio e ressentimento como modo de estar no mundo –, não há esperança nenhuma. O que assistimos neste século 21 é a morte da utopia democrática. Resta-nos cultivar nosso pequeno jardim cotidiano, rezando para que a política não lembre de nossa existência, o que nem sempre é possível.

Ortega y Gasset dirá que a salvação da filosofia é o fato de ela não ter nenhuma necessidade, isto é, não necessitar de nada e não servir pra nada. Há, portanto, um traço discreto de quietismo na posição do filósofo espanhol. Se, como ele diz, a opinião pública reina soberana no mundo do homem massa, a inutilidade da filosofia pode ser um modo de sobrevivência discreto. O insólito é essa opção por uma certa invisibilidade diante dos olhos cheios de sangue da política das massas.

"Vou falar que você bateu em mim"

A escola sempre foi um espaço de encontro com a violência, afora toda a gama de experiências humanas de ordem construtiva que lá se passam, sem dúvida, para além do conhecimento em si, que nunca foi a causa primeira da existência da escola. Ao mesmo tempo, a função repressiva organizadora da escola é parte do mecanismo civilizador, ainda que a palavra "repressão" esteja fora de moda. Nos últimos tempos, a escola de classe média para cima, ou seja, a privada, é uma encruzilhada de modas pedagógicas risíveis, discursos motivacionais e alunos medicados. A cada passo, uma psicóloga ao telefone, quando não os próprios pais, na condição de clientes pagantes a serem fidelizados – a redução da natalidade já faz sentir seus efeitos no mercado escolar. Os termos usados por psicólogas e pais para pressionar as escolas a deixar seus pacientes ou filhos passarem de ano são corriqueiros para quem conhece o mercado de dentro: processo, parceria, escola não é só cobrança de conteúdo, temos passado por dificuldades com ele e agora ele tem demonstrado mais interesse pela escola e seus colegas, muitas escolas têm se mostrado mais abertas a novas formas de avaliação, e por aí vai. O objetivo é a customização do ensino, como no mercado de carros.

Uma professora, entre outras, que não passava dos 30 anos de idade, de uma escola razoavelmente cara, bilíngue e que oferecia até aulas de patins, era excepcionalmente apaixonada pela ideia de que, formando crianças com empatia e cuidado, estas seriam, seguramente, no futuro, pessoas melhores, mais empáticas e cuidadosas – a redundância é sempre proposital.

Um dia, numa atividade com a presença dos pais como convidados, um aluno conversava com essa mesma professora. Vale salientar, neste breve relato do que se passou, que um equívoco comum das escolas e universidades hoje em dia, devido à necessidade de fidelizar os pais pagadores, é convidar esses mesmos pais clientes a frequentarem mais a escola, claro que sob a justificativa da mais moderna pedagogia. O aluno em questão não devia ter mais de 12 anos. Sua intenção era jogar para cima um objeto em exposição na feira escolar que, supostamente, era um artesanato feito por índios de uma reserva da periferia da cidade. A jovem professora apaixonada pelo seu trabalho disse docemente ao aluno que ele não podia fazer isso, pois o objeto sagrado corria o risco de cair e quebrar. Irritado, o aluno, com o poder do consumidor comum, ameaçou: "Se você não me deixar fazer o que eu quero, vou dizer para minha mãe que você me bateu".

O sangue dócil da jovem professora congelou. Ela sabia bem que esse tipo de acusação era sempre tomado pela coordenadoria como sendo verdade de partida, apesar de qualquer linguagem falsamente acolhedora que viesse a ser utilizada para dizer ser melhor afastar a professora acusada. A verdade dos fatos nunca importou tão pouco quanto na era das redes sociais. Afinal, temos aqui uma questão muito mais séria do que a simples disciplina da pedagogia: estamos diante de um problema de *branding*.

Acuada, a professora cedeu ao pedido do aluno. Este lançou para cima o objeto sagrado, que se espatifou no chão como era evidente que aconteceria. O aluno saiu correndo chorando, todo mundo olhou para a professora, e ele gritou: "Ela me bateu!". A partir daí, o caso se complicou. A professora tinha um segredo: fazia parte do seleto grupo de mulheres que gostam de apanhar no sexo, e existiam fotos, vídeos e chats que comprovavam esse vício. Imediatamente ela pensou: e se esse material vazar? Mas o que esse incidente teria a ver com seu gosto particular de ser humilhada e espancada no sexo? Na realidade, tudo a ver. Não existe vida privada na era das redes sociais, e nossa educadora apaixonada pelo ofício de formar pessoas mais empáticas e cuidadosas com os outros estava preste a fazer essa descoberta óbvia.

No caso da jovem professora, uma digressão se faz necessária para compreendê-la no seu enquadre histórico. Ela era da geração conhecida por operar divisões na vida as quais nem os primeiros modernos imaginariam. Esferas absolutamente distintas podem conviver lado a lado, supõem esses jovens das novas gerações, como dizem os especialistas. Aderente a padrões alimentares orgânicos restritos, ao mesmo tempo que se dedicava com a fé dos idiotas ao magistério de crianças e adolescentes, a professora sentia uma necessidade incontrolável de ser espancada, queimada, humilhada no sexo, como já dissemos e é sempre bom lembrar. Jornalismo tem muito de redundância, afinal. Os grupos de discussão sobre direitos BDSM – uma sigla chique e anódina para sadomasô – defendem seus direitos cidadãos e o caráter saudável da violência sexual quando consensual. A sigla que fala de escravidão (*bondage*), disciplina, dominação, submissão e sadomasoquismo estava agora a pregar o valor nutriente, além, claro, do valor erótico, da ingestão de fezes e urina no sexo. Nossa heroína já experimentara algumas vezes e seria, provavelmente, uma aderente aficionada da nova prática – nova para as modas da internet, apenas.

Entretanto, e aqui vai a separação moderna radical das esferas da vida social, ela era uma dura defensora da legislação que tornasse o feminicídio, assim como a violência contra a mulher, crime hediondo inafiançável. Participava constantemente de fóruns de debate e manifestações. Chegou mesmo a conhecer, numa dessas manifestações, uma mulher mais velha com quem fez várias sessões de BDSM envolvendo excrementos das duas – nossa querida professora era, claro, como todo mundo mais evoluído, bissexual, no mínimo.

O leitor me questionará sobre a consistência psicológica da nossa personagem.

Vejamos o que ela mesma dizia dessas duas esferas aparentemente excludentes da sua vida: o segredo está na livre escolha, no ato consensual, como dizem os praticantes de BDSM. Algumas dificuldades emergem desse argumento. A primeira é se seria considerado consensual um ato de feminicídio em que a vítima queria sentir prazer no limite da dor e acabou por morrer nesse limite. O parceiro seria culpado de feminicídio ou não? Questão escolástica para a maioria, mas não para as inteligências que frequentavam esses grupos de discussão. A outra, menos escolástica, é: até onde o consensual é livre mesmo ou predeterminado por formas de violências ambientais prévias? Mulheres – ou homens, ou seja lá o que for – que gostam de apanhar e ser humilhados gostam mesmo ou esse gosto lhes foi imposto pela sociedade patriarcal opressora – família, escola, religião, amigos? Aqui a discussão seguia além dos parcos recursos dos praticantes de BDSM, normalmente animais das redes, hoje em dia.

O fato é que o material foi vazado, provavelmente por alguém próximo à professora na escola, e a jovem idealista perdeu tudo. A ideia de que ela havia batido no aluno foi aceita de modo consensual pela comunidade pedagógica, e a mulher desapareceu do mapa. Aparentemente, pelo que se sabe até o momento em que redijo este relato, nossa heroína foi viver numa comunidade radical de naturistas, como se chamavam no passado, defendendo a ideia de que só uma vida na natureza, inclusive nos seus excrementos, pode ser saudável. Nos últimos relatos sobre seu triste destino, há indícios mesmo de que ela desejava viver como uma planta, essas criaturas sábias e inteligentes em sua imobilidade e fotossíntese.

Estupidez e progresso no mundo corporativo

O horror pode acontecer em ambientes bem iluminados e cheios de pessoas com bons sentimentos. Ela havia se dedicado ao estudo de relações públicas, conhecidas como RP, e tudo o que queria era trabalhar com pessoas num ambiente corporativo. Acreditava, entre outras coisas, na ideia de que manter um corpo e uma mente saudáveis no ambiente de competição assassina do capitalismo contemporâneo ajudaria na produtividade e na qualidade de vida. Nunca foi uma menina muito brilhante. Crer em saúde no mundo corporativo demonstra uma de duas alternativas de comportamento: ou um grau alto de ingenuidade ou um grau alto de mau-caratismo. À parte ser bonitinha – o que, a despeito das mentiras feministas, sempre ajuda na carreira de mulheres –, tinha algumas ideias que eram bem banais, conquanto estivessem em dia com o discurso do humanismo corporativo corrente.

Nesse caso específico, o horror estava vinculado a uma dissociação grave, cognitiva e moral, entre o discurso pretensamente humanista das empresas – já definiremos melhor esse conceito – e a prática violenta e canalha que caracteriza o mundo corporativo devido ao imperativo do resultado, da competição, do lucro e do crescimento.

O que é o humanismo? O termo data de, no mínimo, 500 anos. Um de seus principais significados é a ideia de superação de uma concepção de natureza humana condenada à herança do pecado original. Nesse sentido, o humanismo significou uma libertação do ser humano para criar, se superar, agir livremente e admirar suas próprias realizações técnicas e culturais. Daí sua clássica associação com o otimismo burguês.

O mundo corporativo tem que ser otimista, do contrário os coitados que fazem parte dele – porque precisam – não conseguiriam passar de um dia para o outro ante as tantas metas a bater, humilhações e medos a sofrer. Por isso, se você vir um CEO ou similar propagando um humanismo empresarial, respeito aos colaboradores, ética acima de tudo, saiba que seguramente está diante de um mentiroso contumaz. O sentimento de ameaça e horror nasce dessa mentira, que, na verdade, está a serviço do acobertamento da violência concreta da competição capitalista. Há pouco espaço para qualquer forma de respeito dentro desse sistema. Não vai além da consistência de um coquetel servido à base de vinho branco vagabundo.

E o que se passou com nossa linda RP quando começou a perceber que tudo era uma mentira, mas que ela poderia ter seu lugar, seu salário e sua carreira dentro dessa ordem das coisas? Ela, após um fim de semana numa praia deserta e cara, chegou à conclusão de que também tinha direito de ser feliz. Afinal de contas, existem múltiplas narrativas no mundo, e o mundo corporativo havia de fato ampliado sua consciência ambiental, criado departamentos de diversidade – sua gerente era uma mulher trans negra, melhor impossível – e aberto um espaço para ela tocar oficinas de mindfulness.

O número de pessoas mais velhas – leia-se, acima de 45 anos – sendo demitidas era obviamente devido às necessárias inovações digitais pelas quais a empresa passava, principalmente depois de ter sido comprada por uma grande multinacional dinamarquesa. Nossa heroína de RP, não mais tão jovem, percebeu que o grau de estresse no cotidiano da empresa era, afinal, uma benção para seus planos de vida: quanto mais miserável era a condição de seus colegas, mais eles precisavam de oficinas de mindfulness, logo, mais espaço ela teria. Precisaria apenas se manter em dia com as inovações nas pseudoteorias em sua área de qualidade de vida. Nas férias, iria passar vinte dias num mosteiro no Vietnã numa jornada de autoconhecimento – e o autoconhecimento a levaria a ser mais competitiva na carreira. Quem sabe assim descobrisse por que nenhum homem a suportava, mesmo ainda sendo bonitinha.

A conclusão evidente é que a inteligência corporativa necessita de um grau de estupidez de seus colaboradores, uns para suportar a violência, outros para exercê-la de forma "mais humana" e assim avançar em direção a um mundo "melhor" e com mais progresso no final do dia de trabalho. Para melhorar as vendas, cada vez mais, é necessário ser mais estúpido e acreditar no capitalismo consciente dos acionistas.

O Leviatã
e o silêncio
das baratas

Todos conhecem o termo "Leviatã", o monstro ancestral, usado por Thomas Hobbes no século 17 para descrever o Estado nascente de então. Mas o termo deveria ser usado também para o nascente mercado na mesma época, o qual ganhou corpo ao longo do século 19 com seu colonialismo. Londres, um dos grandes centros desse processo global, era uma fossa, ainda que muitos tentem negar seu fedor.

Seria possível detectar o nascimento do mercado Leviatã pelo aumento de baratas no mundo? Essa era a tese do estranho pesquisador em história do capitalismo que atravessou meu caminho. Um sujeito parecido com o personagem Bartleby de Melville, no conto homônimo. Um deprimido que viu a olhos nus o vínculo estreito entre o surgimento do mercado capitalista e o crescimento da população de baratas no mundo. A modernidade poderia ser compreendida como a era das baratas? Kafka teria pressentido isso quando escreveu *A metamorfose*?

O progresso atrai as baratas. Essa era a hipótese de doutorado do nosso Bartleby 2. O jovem pesquisador ficou conhecido como o "profeta das baratas".

A única forma de evitar o acúmulo das baratas no mundo é manter o homem em pequenos grupos e vivendo em meio ao vazio dos territórios. Olhar a história do progresso moderno como um episódio da demografia das baratas pode ser compreendido como um surto peculiar de nostalgia romântica: quando não se tem grandes cidades que atraem as pessoas, não há crescimento da população de baratas. Kafka teria percebido isso do ponto de vista do indivíduo, mas não do ponto de vista do demógrafo.

O desejo atrai as baratas. Sendo a modernidade o tempo do desejo aglomerado nos espaços nos quais ele se realiza pelo avanço do progresso, é evidente que o desejo guarda uma relação significativa com o aumento da curva na população das baratas. Quanto mais sucesso material, maior a chance de alimentar essa curva.

Enfim, a ideia não foi boa. Seus colegas o viam como um agressor antiético. Melhor seria se tivesse ficado em silêncio. Morreu só, na companhia das baratas, as únicas que o entendiam, mesmo que no silêncio que caracteriza seu mundo e sua forma.

Professores, um enxame de moscas

Por falar em insetos, falemos das moscas. Do poder das moscas, como dizia Pascal.

Falar para professores é sempre uma experiência de horror. Na rede pública, esse horror é de uma qualidade específica; na rede privada, trata-se de outra qualidade específica – veremos mais adiante essa diferença. Essa descoberta foi dura para nosso jovem professor encantado com a educação, profissão que ele escolheu pelo prazer que, quando estudante, sentia com o conhecimento.

O encanto com o conhecimento é uma das formas mais poderosas de espanto com o mundo. Poderíamos dizer, além disso, que é uma das formas mais democráticas em termos de condições de possibilidade, dependendo apenas da existência de acesso às ferramentas de conteúdo e de uma herança familiar – esta, assustadoramente contingente, porque fruto do acaso – que faça do indivíduo alguém que se encanta com a atividade da descoberta da inteligência. Pode-se ensinar a aprender, mas a variável do acaso sempre impõe limites ao ato de fazê-lo, mesmo que os mentirosos digam que não. Pessoas menos inteligentes estão andando por aí. Elas não são necessariamente mais perigosas moralmente. A inteligência não garante nenhum caráter moralmente mais consistente. Há mesmo um certo estremecimento trágico na inteligência, que é torná-la, muitas vezes, mais próxima da crueldade e da tristeza.

Nosso jovem apaixonado pela educação era um desses que o conhecimento impactou desde cedo. Tinha boas intenções. Afinal, o mal prefere assistir à derrocada das melhores almas.

O destino do nosso herói poderia se dar de modos distintos caso seguisse a carreira na rede pública de ensino ou na rede privada. Outro percurso seria o do ensino universitário – havendo aqui também desdobramentos diferentes entre a universidade pública e a privada. A fim de descrever o processo pelo qual passou nosso herói, vamos dividi-lo em quatro pessoas diferentes, porque uma vida só não contém todos os detalhes desta narrativa: Professor 1, Professor 2, Professor 3, Professor 4.

Mas, antes, um reparo com relação às fontes. Faz-se necessário dizer que a analogia entre professores e um enxame de moscas não é propriamente minha. Ouvi-a de um professor já envelhecido, que atingira a época em que tudo o que pudesse ensinar seria irrelevante para os alunos devido à sua idade avançada e dificuldade em lidar com ferramentas digitais "de ponta". Percebi um dia, na sala dos professores – um lugar que pode ser excepcionalmente deprimente –, que ele repetia esta frase como se fosse uma espécie de mantra que o ajudava a passar de uma turma de alunos a outra: "Os professores são um enxame de moscas". Vejamos algumas cenas desse enxame de moscas.

O Professor 1 tinha inquietações sociais significativas associadas ao seu amor pela educação. Sendo de classe social média baixa, não podia alimentar muitas ilusões com uma carreira em educação em espaços muito competitivos. Afinal, precisava pagar as contas, principalmente se desejasse ter uma mulher que o olhasse com algum respeito. Sendo jovem, ainda acreditava que tinha razoável margem de controle sobre as coisas. Ledo engano. Se olhássemos de longe, veríamos que a forma como a sociedade se move é mais ou menos como uma galáxia distante, cega e indiferente aos seus elementos internos, ainda que ela mesma seja fruto da ação quase cega desses mesmos elementos.

Saltando os anos em que suas ilusões se mantiveram de pé, restaram ao nosso ingênuo duas opções. Poderia ter seguido o caminho político e virar um professor do sindicato ou um vereador representante da classe. Sabe-se bem que vereadores são a base miserável da pirâmide de corrupção do sistema representativo, um tipo de batedor de carteira vulgar no âmbito da hierarquia da corrupção no sistema político. A natureza de sua miséria é representar "classes" como pasteleiros, taxistas, donos de bares, empresários de ônibus, professores – por representar, entenda-se receber dinheiro em troca de um possível lobby na câmara de vereadores.

A outra possibilidade recusada pelo Professor 1 era entrar para o sindicato. Entretanto, ele nunca foi tão articulado enquanto membro da classe e jamais galgou o sucesso sindical. Vale salientar que os sindicalistas são tão corruptos quanto os vereadores.

Restou ao Professor 1 viver como professor da rede, ser pobre, irrelevante e, com o tempo, já não conseguir se encantar com nada. A ideia de virar palestrante veio do seu cunhado rico – pequeno empresário do ramo de papel higiênico – num almoço de Natal na família da sua decepcionada esposa, agora já beirando a menopausa. Como palestrante, conseguiu melhorar um pouco de vida. Leu alguns livros motivacionais, de autoajuda e sobre inovação na educação. Sendo ainda bem-apessoado, faturou alguns convites em escolas da rede. Inevitavelmente, a decepção veio, ainda que a grana o tenha mantido na rota, e ainda que elevasse cada vez mais o discurso motivacional que as agências de palestras demandavam dele. Chegou mesmo a escrever um livro, *Como se reinventar como professor*. Vendeu razoavelmente. Na verdade, as palestras eram dadas para moscas. Só o que interessava à maioria da plateia eram demandas sindicais. Quem mais prestava atenção nele eram as professoras mais bem vestidas, e que o eram por conta dos maridos que ganhavam bem em trabalhos fora da área da educação, claro.

Nosso Professor 2 não teve um destino muito melhor. A carreira de professor é uma das mais marcadas pelo prazo de validade da idade. Ainda que não necessariamente sejam demitidos aos 45 anos como no mundo corporativo, os professores se ressentem com a idade por conta da perda da vivacidade e da ingenuidade. O ímpeto da juventude, ao contrário do que deveria ser, tem sido o recurso maior da docência, devido à contaminação desta pela noção moderna de progresso técnico e comercial. O professor não vale pela sabedoria acumulada dos anos – que, aliás, na modernidade não vale nada mesmo –, mas sim pela proximidade com a ignorância apaixonada, desde sempre característica dos mais jovens.

Na rede privada de ensino de crianças e adolescentes, ganha-se mais do que na pública, sem dúvida. Por outro lado, não se tem a estabilidade de emprego que garante a inércia "benigna" do emprego público concursado. Na rede pública, ganha-se mal, mas para sempre. Na rede privada, você está submetido à pressão por "produtividade" e por agradar alunos e pais. É um mercado e pronto, cada vez mais. Na prática, você ganha pela hora-aula, ou seja, como quem dirige para a Uber, com as garantias frágeis dos direitos trabalhistas, claro. O horizonte da paixão pelo conhecimento se despedaça na obrigação de agradar todo mundo, como um profissional de vendas. O professor da rede privada é um profissional de vendas, e todo vendedor é parte de um enxame de moscas.

No caso específico do Professor 2, para avançar na carreira e não ser demitido pelo prazo de validade da idade, ele correu a se especializar em formas digitais de educação. Sabe-se que essas formas podem ser consistentes quando pensadas *a priori* para sê-lo. No caso de crianças e adolescentes, a tendência é que funcionem mal, apesar da tendência da pressão do capital investido em educação a oferecer um horizonte de "inovação" – um dos termos mais picaretas do mundo contemporâneo – identificado com as formas digitais. No final do dia, o resultado é a gamificação da educação, com um velho na frente da sala de aula brincando de menino. Nosso Professor 2 manteve a dignidade por um tempo, mas, como em todo game, uma hora você não consegue passar de um nível para o outro. Em pouco tempo, correu a ser consultor de educação digital. Como em todo mercado de consultoria, o resultado foi pífio.

O Professor 3 fez concurso para uma universidade federal nalgum estado irrelevante. O mercado de concursos para universidade pública é um dos ambientes mais corruptos que se conhece. A montagem das bancas examinadoras, os arranjos para fazer passar certos candidatos são vastos. Esse processo não precisa ser tão linear. A pressão política é a forma mais comum de corrupção no caso. A acomodação aos grupos de interesse dentro da universidade tende a ser a regra que determina a dinâmica da entrada de novos quadros.

Uma vez definido o grupo, as políticas internas seguirão seu curso nos colegiados e na disputa por popularidade com os alunos. Se você atingir uma popularidade muito alta, o risco de virar *persona non grata* é grande. A vida em universidade pública poderá ser boa, na verdade, se você for estudioso de fato, pois terá tempo e sossego para realizar seu trabalho em paz, caso não faça inimigos muito poderosos. Hoje em dia, a burocracia da produtividade propalada pelas agências reguladoras e distribuidoras de fomento é o principal fator de miséria na vida acadêmica, e foi o que fez com que nosso Professor 3 acabasse por se transformar num burocrata das métricas do Ministério da Educação ou da Capes – neste caso, da pós-gradução *strictu sensu*. Artigos irrelevantes, nada originais, mas publicados em periódicos que pontuam, apesar de pouco lidos, se tornaram parte da grande moeda de valor. Procedimentos semelhantes para pontuar seu currículo e seu departamento acabaram por ter os efeitos que a mediocridade tem sobre a atividade do conhecimento: nosso Professor 3 virou um personagem de contos de Kafka, correndo de um lado para outro, como um rato, a preencher relatórios infinitos de produtividade irrelevante.

O Professor 4 seguiu carreira nas universidades privadas. Não há muito o que acrescentar na sua condição de mosca num enxame. No caso dele em particular, além das preocupações em atrair e reter alunos, ou seja, ser um vendedor, teve que dar conta crescentemente dos relatórios infinitos de produtividade, sem a proteção da inércia de um emprego também infinito no tempo.

Nossos professores experimentaram, de formas distintas, a mediocridade quase sempre reinante na institucionalização da busca do conhecimento. Além da condenação à irrelevância, característica da vida moderna à medida que a idade avança, nossas pequenas moscas viveram a perda de Eros pelo conhecimento ao longo da vida dedicada à educação.

Certa feita, uma prima da mulher do caro professor – agora reunido de volta numa única pessoa – disse a ela, na frente dele, que jamais se casaria com um professor porque seria pobre a vida inteira. Percebe-se aqui a falta de virtude da prima em questão, claro.

A pergunta que não quer calar depois desse breve relato é: se nosso pobre herói, quando ainda jovem, soubesse o que aconteceria com ele depois de alguns anos, manteria a decisão de se dedicar à educação? Provavelmente sim, porque a misericórdia da ignorância acerca da realidade na sua complexidade indiferente e infinita preserva os jovens do destino que os espera com a idade. A mesma misericórdia de Lovecraft.

A reinvenção
de si mesmo

Eis uma das modas de comportamento mais acessíveis ao consumo em nossos dias: reinventar-se. A ideia, aliás, vai bem com todo o cardápio de inovação que atravessa o mundo do trabalho e dos negócios.

Não se trata de negar a possibilidade de se reinventar ou mesmo o bem que isso pode fazer, mas sim de reconhecer que, num processo de reinvenção de si mesmo, a crueldade pode ser um elemento essencial. Você duvida?

Fulano tinha uma boa condição financeira – não era milionário, pois, se fosse, seguramente seria um canalha –, apenas tinha uma boa condição de vida, fruto de trabalho árduo. Mas universalizemos sua história e a transformemos em conceito. O horror ficará mais claro, e nós nos pouparemos de qualquer acusação de insensibilidade com o sofrimento dos outros.

Um dia, de repente, se viu com 50 anos e percebeu que sua vida não fazia mais nenhum sentido. Nenhum desejo sexual por sua dedicada mulher, nenhum sentimento especial pelos filhos. Um sentimento de estranhamento difuso foi tomando conta das horas. O que fazer? Pediu ajuda a um terapeuta, que, afinal de contas, lhe disse que ele também tinha direito de ser feliz, como todo mundo.

Nosso anti-herói, que nunca sofrera daquela baixa autoestima que sustenta muitos relacionamentos bem-sucedidos, decidiu abandonar a família. Muito choro e desespero, mas uma indiferença nietzschiana pareceu tomar conta da alma do homem. Foi embora.

Todos, sem exceção, passaram a falar mal dele. Mesmo seus pais, já idosos, o consideraram um monstro egoísta. Porém nada impediu que ele seguisse seu sonho. Para piorar o quadro de desespero da família, não havia nenhuma mulher de 25 anos que fosse responsável por sua decisão – ele simplesmente escolhera a si mesmo. Um tipo de escolha incomum entre homens, muito comum entre mulheres. Reinventou-se, e nunca mais deu satisfação a ninguém.

Claro que o marketing, quando fala de reinvenção do sujeito, sempre vende uma história em que tudo fica mais lindo. Contudo, quase sempre uma reinvenção existencial carrega em si uma enorme dose de violência e horror para as vítimas que são deixadas pra trás.

Uma possessão no século 21: a deformação

Olhando principalmente para as mulheres, mas não só, em eventos de empresas, vemos a tristeza em seus corpos. Uma deformação da alma, aquela mesma que para alguns não existe, se faz pronunciada nas formas sem formas à vista. O olhar apagado faz parecer distantes os anos de tesão que as mulheres costumavam exalar quando jovens – se bem que o feminismo destruiu a mulher nesse aspecto. Não há Eros onde há feminismo. Ou melhor: o Eros do feminismo está no ressentimento.

O envelhecimento precoce como consequência de um cotidiano pautado por métricas em todos os campos pode revelar um estilo de vida teratogênico – isto é, que causa deformações físicas. Em muitos casos, como neste em questão, nosso relato descreve um processo em que a deformação não se deu por agentes infecciosos externos de natureza biológica ou genéticos, mas cuja etiologia – estudo das causas dos processos mórbidos em medicina – descreve uma deformação física por causas internas reativas a uma estrutura de vida social – trabalho e vida familiar.

Esse tipo de deformação no século 21 é uma espécie de possessão que no passado se chamava demoníaca. Se esta tinha por traço ser aguda e de rápida evolução mórbida, aquela é lenta e de sutil percepção para quem não é treinado nas técnicas de exorcismo necessárias para sobreviver no século 21, o século do vazio ruidoso.

Mas, se for verdade o que apontamos anteriormente quanto a uma ontologia patológica no cosmos e nos seres vivos, podemos afirmar, seguindo a intuição do médico francês do século 19 Bichat – segundo quem a vida seria uma série de reações fisiológicas que resistem à morte até onde suportam –, que a forma seria uma série de reações fisiológicas e psicológicas que resistem à deformação primeira e última. Uma espécie de essencialidade do mal como dinâmica do ser.

Com o passar do tempo, a deformação se tornou a regra geral do mundo.

Civilização como processo de destruição de uma sociedade – um diálogo entre gigantes

Essa suspeita da civilização como processo de destruição vem do filósofo inglês Whitehead. O que ele quer dizer?

Civilizar-se é buscar bons modos à mesa (Norbert Elias) e estabelecer padrões racionais de comportamento e pensamento baseados na repressão de instintos intratáveis (Sigmund Freud).

E. R. Dodds, no seu *The Greeks and the Irrational*, lembra a maldição de Whitehead ao identificar, na tentativa da filosofia grega de romper com o conglomerado herdado (Murray e Dodds) ancestral grego, uma das causas da decadência de Atenas. Este seria, portanto, um caso da maldição das civilizações apontada por Whitehead. Esse conglomerado herdado significa camadas superpostas, de modo randômico, ao longo dos milênios, as quais se caracterizam por "organizar" os sistemas de crenças, valores, gestos, hábitos de um povo numa duração longa (Fernand Braudel). A filosofia, na tentativa de começar do zero, ajudou a arruinar a sustentação da civilização grega.

As engenharias sociais racionalistas (Michael Oakeshott) acreditam que descobriram, de seus gabinetes (Edmund Burke), os princípios de organização desse *corpus* milenar conhecido como conglomerado herdado. O termo implica ressonâncias geológicas exatamente para indicar o tempo geológico – ou seja, infinitamente extenso – de constituição. Sendo assim, a pequena e frágil racionalidade humana jamais poderia abarcar a totalidade dos processos de decantação dessas camadas do conglomerado herdado. Ao crer na sua vã filosofia, os filósofos – e a modernidade é um surto compacto dessa *hybris* – ajudaram a desorganizar o tecido social grego de respostas às mudanças gerais no mundo à sua volta. Um dado essencial do conceito de conglomerado herdado é que ele "responde" de modo randômico a estímulos por si só randômicos. Não há nenhuma racionalidade aparente nesse processo que possa ser objeto de qualquer progresso racional.

Portanto, o conglomerado herdado nada tem de princípio racional ou moral constitutivo ou constituído. Ninguém é capaz de saber o modo de constituição dele ao longo dos milênios. Está para além de bem e mal (Friedrich Nietzsche).

Nesse sentido, a modernidade é uma grande experiência de destruição do conglomerado herdado antigo e medieval do Ocidente. Na busca pelo "progresso" técnico, moral e político, a modernidade é um grande exemplo do que fala Lovecraft na abertura deste livro: um processo enlouquecido de jogar luz sobre os monstros que habitam o submundo do mundo (Hades). E pagaremos por isso com o nosso horror.

Dissonâncias internas de um cético

Passo muito tempo da minha vida defendendo coisas em que, como filósofo marcado pelo ceticismo grego, não creio. Faço isso por razões profissionais técnicas e pelo fato de o próprio ceticismo ensinar que não se deve crer com muita segurança nem nas próprias descrenças.

O ceticismo alimenta um diálogo silencioso com o horror ontológico, salvo pelo fato de que resiste, como dúvida metódica, ao dogmatismo negativo de toda forma de pessimismo.

Por que devemos crer em instituições de Estado ou no discurso do mercado como promotores da vida em sociedade? Simplesmente porque não há nenhum outro modo de viver em sociedade. As utopias são uma humilhação da razão histórica empírica. Saber disso não nos impede de ver que muitas das instituições de Estado são corroídas por toda forma de corrupção, seja a banal corrupção do dinheiro, seja a sofisticada corrupção do caráter, as quais, ao contrário do que muita gente pensa, podem não andar juntas. Alguém pode ser corrupto apenas pela própria vaidade, como no caso de muitos do alto poder judiciário.

A economia de mercado é a única forma de produção social de riqueza que conhecemos, mas ela também corrompe a pessoa, no mínimo cognitiva e afetivamente. A prática da mentira metódica como forma social, típica da economia de mercado, nos deixa no deserto da desconfiança. Ninguém confia em nada do que ninguém fala. Talvez a única e mínima garantia contra a mentira sistemática seja não querer vender nada.

A dramática
da filosofia

Filosofia é drama. Sua alma não é meramente lógica, nem meramente racionalista, nem epistemológica, nem estética. Ela é dramática. Sua categoria é próxima ao que o teólogo suíço do século 20 von Balthasar chamava de teodrama. O que significa dizer que a filosofia é uma dramática?

Significa que todo conceito carrega um drama em si, portanto não é a lógica que carrega o conhecimento, mas, segundo o já mencionado filósofo britânico Whitehead, o afeto. Especificamente o afeto do horror, acrescentaria eu, quando a filosofia é levada às últimas consequências. Filosofia é uma ação, seu aprofundamento se dá de corpo inteiro, e, nesse processo, tenta inundar o mundo, como inunda o mundo a angústia.

Olhar para a filosofia dessa forma implica um giro epistemológico, porque normalmente se considera a filosofia algo movido por razões – e, evidentemente, elas estão presentes na atividade do filósofo. No modo como vejo minha prática, e de muitos colegas ao longo dos dois últimos milênios, percebo, *grosso modo*, uma forte presença de paixões, medos, taras, amores, ódios, inseguranças, coragem ou covardia. A filosofia é mais dramática do que imagina nosso vão racionalismo.

Suspeito que esse detalhe foi o que me levou da medicina à filosofia: pressenti a presença do prazer no ato de pensar. Sinto-me em casa na Grécia e na sua criação máxima, a filosofia.

A vida na incerteza

A vida na incerteza é, primeiramente, uma derivação direta da nossa condição ontológica descrita anteriormente. Estamos cercados de contingência que nos condiciona externa e internamente. O mundo à nossa volta – dos elementos do universo aos elementos naturais, chegando aos elementos históricos, políticos e sociais – implica grande submissão aos efeitos cegos da contingência. Por outro lado, nossa herança genética, a linhagem familiar da qual descendemos, tudo isso somado implica contingência interna fisiológica, disposição para certos quadros patológicos e, assim sendo, um destino genético em grande medida traçado.

Somos cercados pela incerteza. Grande parte de nossa pré-história e história tem sido dedicada a conter esses efeitos nefastos da contingência – mais especificamente, a incerteza. Na virada moderna no século 19, o processo de controle sistemático dessa incerteza se tornou o principal objetivo humano. Para além das "brincadeiras" como o chique de se falar em princípio da incerteza em física quântica, é a mecânica newtoniana que ainda faz aviões voar. Adolescentes brincam com a ideia de caos como poesia na vida, mas só enquanto não viram adultos.

O fato é que a violenta virada moderna em direção à ideia de controle da incerteza – contingência – é a causa social mais profunda da epidemia de ansiedade no mundo contemporâneo. E, como as condições materiais implicam o princípio de controle acima de tudo, essa epidemia de ansiedade só aumentará, porque a necessidade de controle para melhores resultados em tudo só vai piorar. Quanto mais sucesso, mais ansiedade.

O horror médico

O horror médico é, no final do dia, a interação entre um nicho de mercado e a ontologia patológica que nos caracteriza, descrita anteriormente.

O fato é que, para um mercado funcionar na sua fronteira do horror, há que girar ao redor de uma necessidade eficaz, ou seja, absoluta. No caso, o medo da morte, que, com o passar do tempo, torna-se inevitável. Nesse sentido, não há como escapar do horror médico. A outra opção é resistir ao medo da morte, o que é para muito poucos.

A medicina sob o regime capitalista tem a seu favor o enorme avanço tecnológico e científico, mas, como tudo que é regido pelo mercado de produtos e serviços, também responde ao horror que existe no coração da ganância. Não se trata de romper fronteiras do humano, mas sim de permanecer dentro do que é humano, demasiado humano.

O funcionamento é básico: gerar demanda, entrega, serviços, encaminhamentos, exames, procedimento dentro da rede de contatos e instituições. Quanto mais você "pontuar", mais network e reconhecimento no meio granjeará. E isso não implica necessariamente comprometimento do atendimento, principalmente quando falamos de medicina de luxo ou *premium*. Mas, se é mercado, commodity, uma hora a aceleração ultrapassa os bons modos.

Este fato reúne duas formas de medo na ponta do "consumidor". A primeira é a necessidade inevitável da finitude. A outra é o terror da contingência, mãe de todos os medos. Aí reside nossa ontologia vocacionada ao fracasso, daí nasce a necessidade de aceitarmos um dos presentes de Prometeu: a esperança colocada no coração do homem. Em conjunto com o outro presente de Prometeu, o fogo, ou a técnica, temos o resumo da ópera de como funciona o horror médico: técnica e esperança movimentando um mundo inteiro de seres dominados pelo lento e gradual fracasso fisiológico.

O horror na origem da filosofia na Grécia Antiga – democracia a olhos nus

Muito nos preocupamos com a democracia em nossos dias. Fala-se do temor das *fake news*, das teorias conspiratórias, dos discursos de ódio. Como regular as redes e a internet?

Pessoalmente, não creio na possibilidade de regular as redes ou a internet, o que não impedirá – aliás, como acontece com tudo hoje – de se formar um nicho de propostas e profissionais envolvidos com essa busca de regulação, incluindo jornalistas, acadêmicos, políticos, juízes, ministros, empresários. Ganhar-se-á dinheiro com isso. E, como sempre no mundo do mercado, vencerá quem ganhar mais. Eu aposto no descontrole como mais lucrativo, inclusive porque agrada a maior parte da população. E a disputa pelo poder, em todas as suas esferas, sempre premiou o mais ágil, seja nas armas, no dinheiro ou na mentira.

Se fizéssemos uma pesquisa entre a população sobre "ética" na política e na democracia, um número esmagador de cidadãos diria que não pode haver política sem ética. Perguntaria eu: em que planeta nasceram esses retardados? Sempre que se pergunta sobre ética, as respostas são mentirosas.

A democracia nasceu no seio da mentira. E não vai mudar porque a natureza humana, quando disputa poder, mente conforme a necessidade. Eu sei que hoje se mente como método, mas o horror mesmo é ver pensadores públicos mentindo.

Os gregos eram sociopatas. Certa feita, Ciro, imperador da Pérsia, já idoso, disse a um embaixador grego que era impossível confiar num povo que inventara um lugar no meio da cidade – a Ágora, onde se reunia a assembleia – para um mentir para o outro.

Estamos acostumados a idealizar os gregos por sua arte, sua filosofia, seus mitos, seu século de Péricles – o século 5 antes de Cristo, o grande século da tragédia e da democracia ateniense. Entretanto, a vida na pólis era terrível: violenta, fraudulenta, competitiva; os gregos tomavam a mentira como modo dado de se relacionar, e a assembleia era o lugar onde mentiras podiam ganhar votos e decidir destinos – como, aliás, até hoje. Grupos derrotados eram massacrados, roubados, excluídos, enfim, perder na assembleia era como perder uma batalha – era regra que derrotados em batalhas fossem humilhados, mortos, inclusive suas mulheres, amantes e filhos.

Seus deuses não ajudavam nesse niilismo *avant la lettre* que marcava a vida grega, porque eles mesmos, os deuses, eram amorais, violentos, mentirosos e invejosos. A única diferença é que eram imortais e os homens, miseravelmente mortais, como, aliás, até hoje.

Você talvez possa dizer: então fomos enganados até hoje? Os grandes gregos não eram grandiosos?

Eu diria exatamente o contrário. Saber a realidade da Grécia Antiga nos ajuda a entender o quão longe eles foram na investigação filosófica e na dramaturgia trágica. Os gregos olharam para o coração do abismo humano, conviveram com ele, morreram de medo dele. É justamente essa desolação que o conhecimento traz quando experimenta o ceticismo até o fim, o relativismo até o fim – a sofística –, a capacidade de mentira infinita na democracia até o fim, a retórica como arte de vencer as discussões até o fim, a violência desenfreada da pólis sobre sua população e entre ela até o fim que nos permite começar a pensar a sério sobre as coisas, sem ilusões ou mentiras. Aparentemente, desaprendemos a lição dos gregos. Imaginamos que pode haver um mundo melhor e que as pessoas chegarão a ele "debatendo". A filosofia nasce da inviabilidade da natureza humana contemplando a si mesma.

A objetividade desolada

A objetividade pode fazer o coração parar de bater. Um coração desolado desiste de sua função. A objetividade como forma de olhar o mundo pode ser uma experiência de solidão imensa. Por isso, afora alguns breves instantes, pessoas normais, no seu dia a dia, evitam a todo custo o olhar da objetividade, seja na posição de agente desse olhar, seja na de objeto ou paciente desse olhar desolador.

Como uma criança vendo a mãe arremessar às lágrimas uma xícara de café contra a parede da sala, testemunhando o seu desespero, descobrindo assim, antes do tempo, que a tristeza pode dilacerar a vida dos adultos, ou seja, que também os adultos não sabem o que fazer. E, se os adultos não sabem o que fazer, o que saberão elas, as crianças?

Ou diante da morte de um pequeno animal amado e da percepção de que ele também será esquecido pela história do mundo. Ou diante do terrível anúncio de uma má notícia que envolverá os dias por vir numa temida falta de sentido.

Ou da possibilidade de enxergar que as pessoas combatem no dia a dia uma vida permeada pela derrota de várias faces.

Situações como essas, e tantas outras, descrevem o arco de uma objetividade desolada, incapaz de produzir as ilusões tão necessárias à vida. Uma ilusão, pelo simples fato de sê-lo, nem por isso é menos necessária à respiração. A vida sem ilusões é irrespirável. Como dizia o grande Nelson Rodrigues: "mintam, mintam por misericórdia".

Enfim, por um momento anseio pelas trevas das quais fala Lovecraft na abertura deste percurso. O descanso nelas soa como um silêncio que, no fundo, nos sorri. A luz cega, a escuridão acolhe. E é mais seguro parar logo de pensar demais, pois, como disse Fernando Pessoa, se o coração se põe a pensar, para de bater. E o pensar contamina. Ainda é muito cedo, diz meu medo, para repousar na pedra, sob as flores indiferentes, como diz Turguêniev no final de seu livro sobre o niilismo.

O miasma

Miasma é um conceito grego que descreve um erro moral ancestral numa família, o qual implica a condenação de seus descendentes.

Dois casos famosos na literatura grega revelam casos de miasma. A casa real de Tebas, que arrasta para a morte Laios, Jocasta, Édipo (estes dois, mãe e filho, grandes causadores do miasma, ao viverem de forma incestuosa e terem filhos desse incesto), Antígona, Polícines, Etéocles, entre outros.

Outro caso é a família dos Atreus. Canibalismo de filhos, sacrifício da filha Ifigênia pelo pai Agamenon em troca de vento para invadir Troia, assassinato do marido Agamenon pela esposa Clitemnestra para vingar a filha Ifigênia, assassinato dessa mãe pelos filhos Orestes e Electra (esta como uma espécie de Lady MacBeth agindo sobre a paixão vingativa de Orestes).

Nos dois casos, sangue inocente derramado arrastando descendentes ou ato moral condenável – o incesto – destruindo o futuro da prole gerada por esse ato.

Se imaginarmos o passado ancestral da humanidade e sua descendência, é difícil pensar que alguém escape de alguma forma de miasma em sua cadeia genealógica. Assim sendo, seríamos todos portadores de miasmas que nos condenam de partida.

Sendo esse conceito uma forma de descrever a crença de que uma impureza moral assombra a vida de todos os humanos descendentes dessa árvore genealógica de impurezas, concluímos que uma causa moral pode destruir o futuro da humanidade, diminuindo sua capacidade para a felicidade e leveza de alma. Olhando para a história de todos nós, a ideia não parece absurda no seu núcleo hermenêutico.

Enfim, o conceito de miasma é um conceito de natureza moral que implica uma abertura para uma ontologia sem futuro. Patológica.

Afinal, em quem confiar?

Em ninguém? Mas não é possível viver sem confiar em algo ou alguém. Seguramente, viver assim iria contra a experiência da evolução da espécie. Provavelmente, mentimos mais hoje do que há 50 mil anos ou mesmo no período romano.

A impossibilidade de confiar hoje se deve, entre outras coisas, ao fato de as pessoas falarem o tempo todo nas redes sociais, do que talvez possamos concluir que, se a humanidade é a mesma, o que mudou foi que passou a ter mais gente no mundo e muito mais gente falando com muito mais gente. Logo, apenas o isolamento, a redução da comunicação ao mínimo necessário, poderia evitar, em alguma medida, a mentira generalizada e a perda sistemática da capacidade de confiar no mundo.

Dito de outra forma, o silêncio sob o qual a humanidade evoluiu pode ter sido o garantidor de nossa disposição a confiar uns nos outros. Uma vez que esse silêncio foi destruído, percebemos que somos muito mais afeitos à mentira do que à difícil atividade de dizer algo diferente da mentira. Outro fato associado a esse vínculo entre silêncio e possibilidade de confiança é que hoje todos queremos vender algo para alguém, e a atividade de venda, quando erguida em paradigma prático do mundo, implica, necessariamente, mentir como método de vida.

Alguém pode se perguntar em que medida o mundo da comunicação total em que vivemos não é uma das marcas da entropia do universo aplicada à nossa espécie. Uma forma de suicídio glamorizada.

A imaginação do desastre ou a mente trágica como método

Diante da indiferença dos elementos, do encadeamento randômico dos fatos, da fortuna agindo sobre nossa construção hermenêutica de sentido – o conglomerado herdado já descrito –, dos atos morais ancestrais que carregamos em nossos corações e nossa inteligência, à nossa revelia ou escolha, da infinidade de elementos contingenciais que atravessam nossas vidas, sociedades, culturas e capacidades decisórias, o recurso à mente trágica pode nos servir de luz na rota.

Alguém talvez me pergunte como um olhar trágico pode ser um recurso? Respondo com o escritor Henry James: "a imaginação do desastre", ou a mente trágica, é uma forma de escapar às armadilhas do mundo – ainda que não escapemos de modo plenamente feliz para o mundo nem plenamente satisfeitos conosco.

Essa capacidade de imaginar o desastre, ou, como diz o próprio Henry James, de imaginar uma vida que pode ser "furiosa e sinistra", nada mais é do que a capacidade cognitiva para enxergar a imperfeição estrutural na qual se assenta o mundo e as raízes dessa imperfeição como incuráveis e incompreensíveis. Este é o horror essencial que nos habita, nos atravessa e nos contém.

O horror, portanto, além de ontológico, como dissemos, é cosmológico. Só a misericórdia da ignorância e de nossa reduzida cognição nos dá algum alento. As trevas são uma forma tímida – assim como o são as virtudes verdadeiras – de repouso.

Leia também

A filosofia e o mundo contemporâneo

Em *A filosofia e o mundo contemporâneo: Meditações entre o espanto e o desencanto*, Luiz Felipe Pondé – um dos maiores e mais controversos pensadores do nosso país – nos convida a conhecer a dualidade que marcou os primórdios da filosofia e que nos acompanha até hoje: o espanto diante de uma natureza complexa e exuberante, e o desencanto frente ao indecifrável universo, do qual somos apenas uma ínfima parte.

Dividido em vinte e quatro meditações que transitam por diversos temas da contemporaneidade, como o desapego, o liberalismo, a saúde mental, o envelhecimento e a morte, entre outros, Pondé nos mostra que, embora não haja resposta definitiva para as questões que nos afligem, é inevitável que oscilemos entre o espanto e o desencanto ao longo da vida, caso contrário não sobreviveríamos aos mistérios que assolam a condição do homem enquanto ser finito e pensante. Escrito para leitores que se permitem refletir em profundidade, esta obra é uma viagem fundamental para compreender temáticas da nossa realidade no tempo presente, vistas sob o instigante e milenar prisma filosófico.

Este livro foi publicado em fevereiro de 2024 pela Editora Nacional.
Impressão e acabamento pela Impress Editorial.